L'ORIGINE ANCIENNE

DES PRINCIPES MODERNES,

OU

LES DÉCRETS CONSTITUTIONNELS

CONFÉRÉS AVEC LES MAXIMES DES SAGES DE L'ANTIQUITÉ.

PAR M. FRANÇOIS (DE NEUFCHATEAU),

Député-Suppléant à l'Assemblée Nationale, Administrateur du Département des Vôges, Juge - de - Paix du Canton de Vicheray, &c.

LES Hommes font bons ou méchans, fuivant la Conftitution de l'Etat dans lequel ils vivent. Il eft donc important de choifir & d'inftituer une bonne Police.

SI bona fuerit Reipublicœ forma, boni Homines funt futuri ; fin contrà, mali. Danda itaque eft opera ut Politia bona eligatur ac inftituatur.

(Ex PLATONIS Menexeno).

A PARIS,

DE L'IMPRIMERIE NATIONALE.

1791.

L'ORIGINE ANCIENNE

DES PRINCIPES MODERNES,

O U

LES DÉCRETS CONSTITUTIONNELS

CONFÉRÉS AVEC LES MAXIMES DES SAGES DE L'ANTIQUITÉ,

———————

Il n'y a rien au monde de plus grand, de plus beau, que de bien mériter de l'État & de la Patrie (1).

La première des gloires, & le premier service qu'on

———————

(1) Nihil eft in rebus humanis præclarius, quàm de Republicâ bene mereri. (*CICER. ad Planc.*) *Le mot françois de* République *emporte parmi nous l'idée d'un Gouvernement populaire, & ne rend pas du tout l'idée de la Chofe publique, ou* Refpublica *des Romains.*

A

puiſſe rendre aux hommes réunis **en ſociété**, c'eſt d'établir de bonnes Loix (2).

Pour ſavoir ſi nos Loix nouvelles méritent cet éloge,
j'ai interrogé un oracle, ſans doute reſpeſtable ; c'eſt
celui de l'Antiquité. Voici ce que l'Hiſtoire & la Phi-
loſophie répondent, de concert, par l'organe des plus
grands hommes.

D'abord, on a dû abroger les Loix de l'ancien Régime & les anciennes Coutumes, ſi elles étoient vi-
cieuſes. Le temps ne ſauroit rendre les abus légitimes (3).

C'eſt la volonté générale dont le Décret forme la Loi,
quand ce Décret ſe fonde ſur la droite raiſon & ſur
l'équité naturelle (4).

Or, la raiſon & l'équité demandoient la proſcription
de l'ancien Régime, qui aviliſſoit à-la-fois la Nation
& le Monarque, pour y ſubſtituer un Régime plus convenable.

§. Ier.

Ce Gouvernement dégradoit la Nation Françoiſe.

Nous étions des Barbares, ſuivant le premier ſens

---

(2) Ii verò de Republicâ benè merentur, qui bonas illi leges
præſcribunt. (*Florileg. politic. Ex Minoe PLATON.*)

(3) Leges malæ & Conſuetudines tollendæ, quantumvis diu-
turnæ. (*Ibidem, ex ISOCRAT. Orat. ad Nicocl.*)

(4) Decretum Civitatis Lex eſt illud imprimis quod ratione
æquitateque naturali nititur. (*Ibid. Ex PLATON. Minoe.*)

qu'attachoit à ce mot l'idiôme du Peuple-Roi. Les Barbares font ceux qui ne connoiffent d'autres Loix que
les volontés de leurs Maîtres (5).

Nous ne manquions pas, il eft vrai, d'Écrivains com-
plaifans qui flattoient notre vanité en déguifant nos
fers, & en nous appelant le premier des Peuples du
monde.

Quelle étoit fur le compte de notre fervitude, l'opinion des Étrangers, juges bien moins fufpects?

Depuis long-temps ils infultoient à notre dépendance
par des peintures odieufes & des épithètes groffières (6).

Charles-Quint, dont l'autorité, dans fes pays héré-
ditaires, étoit plus limitée que celle de nos Rois, en
avoit pris l'occafion de méfeftimer nos ancêtres (7).

---

(5) Barbari, quibus pro legibus femper dominorum imperia
fuerunt. (*Tit. Liv. L. 37.*)

(6) Aucuns fe gauffans de la facilité & obéiffance de notre
Nation, ont peint un Coq avec un bât, pour fignifier qu'encore
que le François tienne le premier rang entre les autres Peuples
de la Chrétienté, fi eft-il bâtier, & fupporte toutes les charges
qu'on lui met fur le dos; & pour cette feule raifon, les François
font-ils appelés *Clitellarii*, par aucuns, &c. (*Thevet, Vies
des hommes illuftres, liv. 4.*)

(7) Le pouvoir des Rois de France fe mefure à la volonté
de leurs fouveraines majeftés; jufque-là que l'Empereur Charles-
quint, admirant que les Rois des fleurs-de-lis pouvoient tout
ce qu'ils vouloient, ofa dire au grand Roi François, que c'étoit
commander à des bêtes. (*Antiquités & recherches de la grandeur
& majefté des Rois de France, liv. 1. dif. 2.*)

Maximilien se permit, par la même raison, de qualifier les François d'une manière injurieuse (8).

L'histoire nous transmet le souvenir de ces outrages; nous pouvons les citer sans honte, nous ne les mériterons plus.

Dira-t-on cependant que nous avions un Droit public, & que les Parlemens, de Conseillers des Rois, s'étoient faits les Tribuns & les soutiens du Peuple?

Un seul fait suffira pour montrer avec quel scrupule ces Tribuns prétendus s'acquittoient d'un si saint devoir.

Un Avocat, plaidant devant la Cour des Pairs, osa dire une fois que c'étoit de la Nation que le Roi tenoit sa puissance. Que fit l'auguste Cour? elle admonesta l'Orateur, & fit biffer de ses registres cette éternelle vérité, sur la demande expresse du Procureur du Fisc, (appelé très-mal-à-propos Procureur-général) qui nia nommément que le Roi des François tînt son autorité du Peuple (9).

Voilà donc quel étoit notre droit, notre esprit public !

Mais c'est de tout temps que les Juges établis par

____

(8) De Maximiliano I. Imp. fertur quòd Regem Galliæ Regem asinorum dixerit. (*MANLIUS, p. 585.*)

(9) Memini Declamatorem forensem, cùm suæ causæ inserviret apud Judices curiæ Parisiorum, dicere ausum potestatem à Populo Regi datam fuisse; Curia Patronum acerbè increpuit, eaque verba de Actis Curiæ deleri jussit, rogante Fisci Procuratore, cùm negaret Regem Francorum à Populo imperandi jus habuisse.. (*BODINUS, de Republ. l. 6. c. 5.*)

les Souverains, loin d'être les vengeurs du Peuple, ont été les complices du pouvoir abfolu. Notre fameux brocard : *Si veut le Roi, fi veut la Loi*, n'eft que l'écho de la maxime des anciens Juges de Perfe : *Ce que veut le Prince eft licite* ; maxime abominable, & qu'Hérodote a réfutée il y a près de trois mille ans (10).

A ces maximes infenfées, le bon fens oppofoit ces principes bien fimples :

Il n'y a que la Tyrannie qui mette la Puiffance au-deffus de la Loi (11).

Il n'y a que la Tyrannie qui fubordonne les Sujets à l'avantage des Monarques (12)

Le Peuple n'eft pas fait pour celui qui gouverne ; c'eft celui qui gouverne qui eft établi pour le Peuple (13).

Non-feulement les Magiftrats ont ofé enchérir fur le langage du Flatteur, qui ne craint pas de dire au Prince :

« Que l'Empire eft à lui, qu'il n'eft point à l'Empire (14). »

---

(10) Quidquid libet licet Principi. Lex quidem & vox Perfarum Judicum, verùm perniciofiffima. (Damnatur ab Herodoto, quafi per adulationem & metum conficta & commenta). (*Florileg. polit. Ex Lib.* 3. HERODOTI.)

(11) Tyrannicum eft dicere Principem Legibus effe folutum. (*Ibid. ex libr.* 1. PLATONIS, *de Republ.*)

(12) Tyrannicum eft dicere Subditos Principis vel Magiftratus utilitati effe deftinatos. (*Ibid. ex lib.* 1. PLATON. *de Rep.*)

(13) Non Populus causâ Gubernatoris, fed Gubernator causâ Populi fit. (PLATO. *apud Volat.*)

(14) On connoît ces beaux vers du fenfible Racine, *qui mourut du coup d'œil d'un Roi.*

mais ils ne fouffroient pas qu'un Citoyen parlât un langage plus pur. Nous en étions au même point qu'au
temps dont parle Tite-Live, où l'on réprimoit par les
verges & par les haches vengereffes, le moindre mot
qui renfermoit un fouvenir de liberté (15).

Tel étoit l'efclavage impofé même à la penfée.

Les Cahiers des Bailliages ne fe font que trop ref-
fentis de ces ménagemens timides & involontaires. On
fait ce qu'il en a coûté à quelques Rédacteurs qui ont
eu l'imprudence de s'expliquer avec franchife (16). La
Nation étoit encore fous le joug, & dans plufieurs Provinces on ne le fecouoit qu'au péril de fa vie.

Voilà (pour le dire en paffant) la réfutation com-
plète de ceux qui viennent aujourd'hui nous citer les
Cahiers, ou le réfultat des Cahiers, comme une règle

---

(15) Si quis memorem libertatis vocem aut in Senatu aut in
Populo mififfet, ftatim virgæ fecurefque, ad cæterorum metum,
expedirentur. (*Tit. Liv. Libr.* 3.

(16) Le Parlement de Rouen n'a pas rougi de décréter un
Procureur du Roi de fon reffort, pour crime de rédaction d'un
Cahier véridique. Hélas ! le même crime avoit été commis à
Toul, par l'Auteur de cet Examen de notre Conftitution.
Auffi a-t-il failli être livré aux bétes, c'eft-à-dire à MM. les
Ariftocrates Toulois, qui ont voulu le faire pendre. Même
encore aujourd'hui, pour le remercier d'un pardon généreux
qu'ils ne méritoient pas, ils ne ceffent de l'outrager, de le
calomnier, de le pourfuivre de leurs haines, jufqu'au fein de
la folitude où il paffe fa vie.

« Tant de fiel entre-t-il dans l'ame des Dévots ! »

(7)

on une bafe dont on n'eût pas dû s'écarter. C'eft ren-
voyer des hommes libres aux vœux que faifoient des
efclaves.

Oui, nous étions efclaves, & par là même dégradés.
Mais nos Rois, à leur tour, n'étoient-ils pas eux-mêmes
les premières victimes des anciens abus?

§. I I.

Le Régime ancien aviliffoit nos Rois, & faifoit leur malheur.

La première vertu des Rois eft fans doute d'aimer
leur Peuple; mais les nôtres n'étoient pas libres de fe
livrer à cet amour; les Grands ne l'auroient pas permis.
On fait que Louis XII obtint le furnom de *Père du
Peuple*; mais on ne fait pas que ce nom étoit une dérifion, un fobriquet injurieux dans l'intention des deux
Ordres qu'on nommoit *privilégiés*. Ils en vouloient éga-
lement à ce bon Louis XII; ils ofoient dire qu'il
n'étoit que le Roi des Villains (17).

Ceux qui ont préféré d'être les Rois d'un petit nombre de Prêtres & de Gentilshommes, ont été en re-
vanche déteftés de la Nation qu'ils avoient épuifée &

---

(17) Voyez la preuve de ce fait dans l'ouvrage de Limnœus,
de Regno franciœ. Quant aux autres citations qui compofent
ces notes, elles font empruntées, en très-grande partie, du
Florilegium politicum, inféré dans le Tome III de l'Encyclo-
pédie latine d'Alstedius. Il y en a deux exemplaires à la Biblio-
thèque du Roi.

fatiguée de leur vivant. Ils furent grands par nos malheurs, & leur mémoire est exécrable (18).

Ils vivoient dans un cercle de courtisans avares ou ambitieux ; c'est ce qui perd presque toujours les Rois & les Royaumes (19).

Ils n'avoient dans ce cercle que de fausses idées des hommes & des choses. L'opinion publique ne pénétroit pas jusqu'au trône. La louange & le blâme ne servoient auprès d'eux que d'organe à la calomnie ou d'arme à la cupidité (20).

Aussi, à quoi aboutissoient les plans de leur ambition & leurs folles dépenses ? A ruiner le Peuple, à faire des Princes eux-mêmes d'augustes indigens, occupés de se procurer de nouvelles ressources par les expédiens honteux & les crimes des Financiers (21).

---

(18) Memoria Principum qui Populum oppresserunt ac fatigârunt, quantumvis opulentûm & ambitioforum, Subditis nihilominùs execrabilis & infausta est. (*Florileg. polit. Ex libr.* 2. *HERODOT.*)

(19) Aulici avari aut ambitiosi, qui sunt gratiosi Regibus, semper Reges ipsos aut Regnum aliquibus difficultatibus implicant. (*Ibidem, ex lib.* 5. *POLYBII.*)

(20) In aulà principum non tantam vituperando, sed etiam laudando sæpè fit bonis calumnia, & eorum famæ & bonis aulici insidiantur. (*Ibid. ex libr.* 4. *POLYBII.*)

(21) Inanes Principum sumptus & ambitiosa eorum cœpta, non modò subditos vexant & exhauriunt, sed ipsosmet adeò principes ad inopiam tandem redigunt, & scelerata ad cogendas pecunias consilia capere cogunt. (*Ibid. ex libr.* 2. *HERODOTI.*)

Tel étoit leur rôle public. Mais, dans leur vie privée, on les avoit réduits au perſonnage malheureux de ces Tyrans antiques, empriſonnés dans leur Palais, craignant d'en ſortir ſeuls, n'oſant ſe montrer en public, & ne pouvant parler ni vivre librement. Dieu! quel ſort honteux pour un homme de ſe cacher en quelque ſorte aux yeux des autres hommes, ſans ſortir de l'enceinte de ſa maiſon ou de ſes gardes (22)!

Ah! la garde la plus fidèle & la plus ſûre pour les Princes, c'eſt leur vertu & notre amour (23).

L'Empire le mieux affermi eſt celui qui remplit le vœu des Peuples gouvernés (24).

Nous avons l'avantage d'avoir pour Roi un honnête homme, qui a ſenti lui-même ces grandes vérités; c'eſt dans ſon cœur qu'il a trouvé ce principe vraiment royal, de ne conſidérer la prérogative du trône que comme il l'enviſageroit s'il y étoit aſſujéti (25).

---

(22) Tyrannus, more cœterorum hominum ingenuorum, neque domo ſolus egredi, neque publicis conventibus intereſſe, neque liberè loqui vel vivere poteſt. Sed velut mulier intrâ privatos parietes latitans, vel ſtipatoribus tanquam carcere circumſeptus, ab iiſque etiam obſervatus, & ab iis ſibi metuens, latitat & vivit. (*Ibid. ex libr.* 9. PLATONIS *de Republicâ.*)

(23) Optima Principum cuſtodia eorum virtus & ſubditorum benevolentia. (*Ibid. Ex* XENOPHONT. *libr.* 7.)

(24) Certè id firmiſſimum longè imperium eſt, quo obedientes gaudent. (TIT. LIV. *l.* 8.)

(25) Nulla in re labetur, qui ea ipſa libenter facit quæ alium facere vellet, ſi ejus imperio ſubjectus eſſet. (DION.)

§. III.

Néceffité d'un corps de Loix ou d'une Conftitution.

Il y a deux excès dont il faut fe défendre dans les queftions relatives au Pacte focial. On doit craindre de trop donner, ou au Peuple, ou au Roi.

On ne peut être de l'avis de ces infenfés qui penfent que la multitude peut gouverner par elle-même : c'eft un axiome, au contraire, qu'elle doit déléguer fes droits & qu'elle eft incapable de les exercer autrement (26).

Il n'eft pas moins certain qu'un homme feul eft incapable de porter le fardeau de nos Gouvernemens modernes.

Dans l'enfance du monde, & avant les progrès de la civilifation, ce qu'on nommoit un Roi, n'étant que le Chef ou le Père d'une famille affez bornée, pouvoit aifément réunir les qualités qu'on exigeoit pour qu'il fût digne de ce titre. On vouloit qu'il fût à-la-fois Général, & Juge, & Pontife (27).

Nos Sociétés compliquées ne font plus fufceptibles de la fimplicité du régime patriarchal. M. de Hertsberg a trouvé, après bien des recherches, que ce régime

---

(26) Multitudo non poteft regere. (*PLATON. de Regno.*)

.. (27) In Rege perfecto, ut bonus fit Imperator, Judex & Sacerdos, requiritur. (*PYTHAGORE.*)

étoit précifément le Gouvernement Pruffien. Ainfi, Frédéric II n'étoit qu'un Patriarche !

Ceux de cette efpèce font rares. Il nous faut autre chofe ; il nous faut néceffairement un Corps de Lois écrites, ou une Conftitution.

Fénélon eft l'Auteur qui en fait, felon moi, fentir mieux l'importance. Voici comme il s'explique, fous le nom de Socrate, dans un dialogue des morts, écrit pour le Duc de Bourgogne (28).

« Un Peuple gâté par une liberté exceffive eft le plus
» infupportable de tous les tyrans ; ainfi la populace
» foulevée contre les Lois, eft le plus infolent de tous
» les maîtres. Mais il faut un milieu ; ce milieu eft
» qu'un Peuple ait des Lois écrites, toujours conftantes,
» & confacrées par toute la Nation ; qu'elles foient au-
» deffus de tout ; que ceux qui gouvernent n'aient d'au-
» torité que par elles ; qu'ils puiffent tout pour le bien
» & fuivant les Lois ; qu'ils ne puiffent rien contre ces
» Lois pour autorifer le mal. Voilà ce que les hommes,
» s'ils n'étoient pas aveugles & ennemis d'eux-mêmes,
» établiroient unanimement pour leur félicité. Mais les
» uns, comme les Athéniens, renverfent les Lois, de
» peur de donner trop d'autorité aux Magiftrats, par
» qui les Lois devroient régner ; & les autres, comme
» les Perfes, par un refpect fuperftitieux des Lois, fe

(28) Œuvres de Fénelon, tom. 4, *in-*4°, pag. 106 & 107, édit. de France, Ambr. Didot.

» mettent dans un tel efclavage fous ceux qui devroient
» faire les Lois , que ceux-ci règnent eux-mêmes , &
» qu'il n'y a plus d'autre Loi réelle que leur volonté
» abfolue. Ainfi , les uns & les autres s'éloignent du
» but, qui eft une liberté modérée par la feule auto-
» rité des Lois , dont ceux qui gouvernent ne devroient
» être que les fimples défenfeurs. Celui qui gouverne
» doit être le plus obéiffant à la Loi ; fa perfonne, dé-
» tachée de la Loi, n'eft rien , & elle n'eft confacrée
» qu'autant qu'il eft lui-même, fans intérêt & fans paf-
» fion, la Loi vivante donnée pour le bien des hommes. »

Ces mots, que Fénelon dictoit à fon élève, renfer-
ment, en peu de paroles, l'efprit & les motifs de notre
Conftitution.

§. I V.

Du Roi.

Loin de nous les fauffes idées que fe font du pouvoir
royal ces vils fauteurs du defpotifme, ces ennemis du
Peuple, qui ofent s'appeler les Amis de la Monarchie !

L'autorité illimitée qu'ils revendiquent pour le Roi,
feroit le moyen le plus fûr de ruiner l'État & de perdre
la Nation. L'on ne peut prévenir cette décadence fa-
tale qu'en mettant au-deffus de tout l'autorité des Lois,
dont le Roi n'eft lui-même que le premier obferva-
teur (29).

---

(29) Infinita poteftas , etiam in Regibus ipfis, quæ fefe legum
vinculis coërceri non patitur, eft certiffima Regni ac Reipublicæ

Le suprême pouvoir doit connoître des bornes & des restrictions. Il n'est plus légitime lorsqu'il est arbitraire (30).

Qu'est-ce enfin que la Monarchie ? c'est un pouvoir borné, donné à un seul homme par le consentement des Peuples, conservé par leur bienveillance plutôt que par la force, circonscrit par des Lois & des conditions certaines, & non ce pouvoir absolu qui ne reconnoît aucun frein (31).

Ces Lois & ces conditions étant une fois définies, forment les liens du contrat qui intervient du Roi au Peuple, & les obligent l'un & l'autre (32).

---

ruina & proximè occasuræ prognosticon ; contra quam remedium est ut Leges observentur, etiam ab ipso principe, idque facere cogatur ab ordinibus Regni, vel invitus. (*Florileg. polit. ex libr. 3. PLATONIS de Legibus.*)

(30) Summa quævis potestas est certis Legibus coërcenda & vinculis ; non autem liberè quidvis pro animi arbitratu agere permittenda. (Sic Spartæ ab Ephoris Reges, Ephori ipsi à Populo & Regibus coercentur). (*Ibid. ex XENOPH. libr. de Lacedem.*)

(31) Regnum est non quævis potestas monarchica, sed ea duntaxat quæ spontaneo subditorum consensu uni alicui in cæteros est concessa ; quæ magis benevolentiâ civium, quàm timore continetur ac conservatur, & quidem certis legibus ac potestatis finibus circumscripta, non pro regentis arbitrio libera & effrenis. (*Florileg. polit. ex libr. 6. POLYBII.*)

(32) Hæc ultrò citròque inter Regem & subditos mutua promissio est, ad quam se utrique vicissim obligant. (*Ex XENOPH. libr. 8.*)

L'ignorance s'eft récriée contre les Décrets qui concernent & le titre du Roi, & fa lifte civile.

C'eft un éloge pour la France, que fon Souverain fe décore du feul nom de Roi des François (33).

Les autres Rois n'ont pas un titre fi flatteur (34).

Il n'en eft que plus fingulier qu'on fe foit élevé contre le rétabliffement de ce titre honorable, dont le protocole moderne de la Chancellerie avoit privé nos Rois.

Il eft aifé d'apprécier ce qu'on a dit auffi fur la pompe du Trône. Sa véritable pompe n'eft point diminuée par la fixation de la lifte civile.

On avoit de fauffes idées fur la magnificence qui doit environner les Rois.

Leur libéralité ne peut être vantée, lorfqu'elle ne s'exerce qu'aux dépens du tréfor public. La feule bienfaifance qui s'accorde avec la juftice, eft celle qui

---

(33) Hoc unum laude dignum in Galliâ, quod Reges unico nomine Regis Francorum, folis lilicetis infignibus fe exornant. (GREG. THOLOS. de Republ. l. 6.)

(34) Les Rois de France commandent fur un fi bon & fi bien né Peuple, qu'on leur attribue plutôt être Seigneurs des cœurs de leurs Sujets, que de la terre. Néanmoins, d'autant que les hommes, par nature, font plus nobles que leurs habitations, ils font, en leur titre de régner, nommés *Rex Francorum*, Roi des François, Roi de leur Peuple, ce que ne font les autres Rois, mêmement en leurs monnoyes. (CORROZET, *Tréfor des Hiftoires de France*, titr. 4.)

difpofe de fes propres épargnes & non de la fubftance des peuples malheureux (35).

§. V.

Du Corps Légiflatif.

Pour ftatuer fur les befoins & fur les intérêts communs d'une Nation toute entière, il faut une affemblée de cette Nation, dans un Corps qui la repréfente (36).

Ce Corps, Légiflateur fuprême, ne doit pas être compofé de plufieurs Affemblées. Il vaut mieux qu'il foit un (37).

On peut recourir à ce Corps, en dernière analyfe, contre les abus du pouvoir, commis au nom du Souverain (38).

C'eft à cette Affemblée, & non au Roi, ni aux Agens

---

(35) Liberalitas Regis ea eft toleranda, quæ publicum ærarium non minuit, verùm illa tantùm largitur quæ ipfi ex privato lucro eveniunt. (*Florileg. polit. ex XENOPH. libr.* 8.)

(36) Neceffe eft commune quoddam totius gentis Concilium conftitui, in quo de totius gentis controverfiis & rebus communibus confultetur, ftatuaturque. (*Florileg. polit. ex HERODOT. libr.* I.)

(37) Unum totius Reipublicæ concilium, commune ac fummum effe præftat, quàm plura. (*Ibid. ex libr.* 2. *THUCYD.*)

(38) Concilium publicum ordinum de rebus à fummo Magiftratu geftis judicet ac ftatuat. (*Ibid. ex POLYB. libr.* 6.)

de son autorité, qu'appartient le pouvoir de voter les subsides, & d'ordonner l'emploi des fonds publics (39).

La pluralité des suffrages y décide un Décret; &, quand il est formé, ceux même qui étoient d'un avis opposé à celui qui a prévalu, sont obligés de le défendre & de le respecter (40).

La paix & l'honneur de l'Etat sont fondés sur l'autorité & l'inviolabilité de ce Sénat public (41).

Les Journaux de cette Assemblée sont les Actes du Peuple. L'attention avec laquelle les Provinces les lisent, est une mesure assez juste du degré d'intérêt que les Citoyens prennent à la chose publique (42).

---

(39) Ærarii publici potestas & dispensatio penès concilium publicum, non verò penès vel Regem, vel quæstorem esto. (*Ibid. ex* POLYB. *libr.* 6.)

(40) Ubi semel decretum erit, omnibus id, etiam quibus anteà displicuerit, pro bono atque utili fœdere defendendum. (*TIT. LIV. libr.* 32.)

(41) Pax & dignitas Reipublicæ incolumitate senatûs publici & illius autoritatis conservatione nititur & firmatur. (*Florileg. polit. ex libr.* 1. *Histor. Corn.* TACITI.)

(42) Diurna Populi Romani per provincias accuratiùs leguntur. (*Corn.* TACIT.)

§. VI.

§. VI.

Des Engagemens de la Nation,

1° Envers les Créanciers de l'Etat,

2° Envers les autres Etats.

1° Le premier vœu, le premier foin & le premier Décret d'une Affemblée Nationale, fera toujours de confacrer la fidélité due aux engagemens de l'Etat; car, fans la foi publique, toute Société humaine cefferoit d'exifter (43).

Si l'acquittement des créances occafionne des impôts ou impofe des facrifices à quelque portion du Peuple, il n'y a pas à balancer : la foi publique eft au-deffus de tous les intérèts privés (44).

2°. Les traités & les pactes avec les autres Peuples ont toujours été réputés faints & facrés parmi les hommes (45).

Mais ces pactes & ces traités n'obligent une Nation qu'autant qu'ils ont été contractés par fon ordre. Un

---

(43) Fidem abrogari, cum quâ omnis humana focietas tollitur. (Tit. Liv. libr. 6.)

(44) Sic parte plebis affectâ, fides tamen publica privatis difficultatibus potior ad curam Senatui fuit. (Idem, lib. 7.)

(45) Tam fponfiones quàm fœdera fancta effe apud eos homines, apud quos juxta divinas religiones fides humana colitur. (Idem, libr. 9.)

L'Origine ancienne, &c.   B

Peuple eſt comme un individu, qui n'eſt jamais lié ſans ſon conſentement exprès (46).

§. V I I.

De l'Adminiſtration des finances.

Ce que nous avons dit des engagemens de l'Etat nous mène naturellement à l'examen de ſes dépenſes.

Pour ſubvenir à ces dépenſes, il lui faut un tréſor public, ſans le ſecours duquel le Gouvernement ne peut rien. C'eſt le nerf de ſa force & de ſes entrepriſes, & ce tréſor doit être proportionné aux beſoins & à la grandeur de l'Etat (47).

Dans toute Conſtitution Monarchique ou Républicaine, le Citoyen doit un tribut qui doit être réglé, établi par Décret du Corps national, & ſur-tout exempt d'arbitraire (48).

---

(46) Injuſſu Populi nego quicquam ſanciri poſſe, quod Populum teneat. (*Ibidem*).

(47) Ubi Ærarium publicum omninò deeſt, vel eſt tenue ac invalidum, ibidem rerum præclarè gerendarum fundamentum deficit. Unde neceſſariò publicum Ærarium habendum eſt, & illud etiam pro magnitudine Imperii & cœptorum conſiliorumque ratione copioſum ac locuplex. (*Ex libr. 8. THUCYDIDIS.*)

(48) In Regnis & Rebuspublicis benè conſtitutis, debet eſſe certum & Ordinum ſententiâ conſtitutum Tributum, non autem arbitrarium. (*Ex libr. 3. HEROD.*)

Nos ancêtres avoient fubftitué à ce tribut l'abandon de certaines terres entre les mains des Rois. La Nation a pu reprendre ces domaines qui font à elle, & c'eft une dérifion de la part de certaines gens d'affecter de plaindre le Roi, comme fi on l'avoit dépouillé d'une efpèce de patrimoine. Rien n'appartient au Roi; lui-même appartient au Royaume (49).

Les domaines d'ailleurs n'avoient pas fuffi aux Monarques, ou plutôt à ces Courtifans qui régnoient fous leur nom ; on avoit accablé la France des impôts les plus exceffifs & les plus défaftreux (50).

Ces deniers, exprimés du fang & des fueurs d'un Peuple malheureux & pauvre ; ces deniers, fi improprement appelés *les deniers du Roi*, paffoient par tant de mains avant d'arriver au tréfor, qu'ils fembloient, en grande partie, s'évaporer en route (51).

---

(49) Les propres termes de l'Edit de réunion de Henri IV de fon ancien domaine à la couronne, montrent clairement qu'il n'y a point, en la perfonne des Rois de France, deux fortes de domaines, & publics & particuliers, n'ayant rien de particulier, eux-mêmes étant à la France, & tout ce qu'ils ont appartenant à la Couronne. (*Corbin, Code de Louis XIII, tom.* 2, *liv.* I.)

(50) Il feroit trop long de citer ce qu'on trouve de curieux & d'important à ce fujet, dans nos anciens Ecrivains. Limnæus en a raffemblé les paffages les plus piquans, dans fon livre latin *De Regno Franciæ*, auquel nous renvoyons, (page 638.)

(51) Tout le monde connoît la comparaifon familière &

Au lieu d'un feul tréfor, il y avoit comme une armée de grands & petits Tréforiers (52).

Les domaines & les impôts, directs & indirects, n'avoient pas épuifé cet art des charlatans fameux que l'on nommoit *Surintendans*, ou bien *Contrôleurs généraux*; *cet art de travailler le Royaume en finance*. Ils avoient trouvé le fecret de vendre les offices, même les places des élus; c'eft-à-dire de ceux des Fonctionnaires publics qui devoient tenir leur pouvoir & leur nom du choix de leurs Concitoyens. On ne rougiffoit pas de fe qualifier d'Elu, quoiqu'on ne le fût point, & que l'on eût payé pour envahir ce titre (53).

A ce défordre épouvantable, il faut fubflituer un régime d'économie & de fimplicité, dont la première règle eft que la modération la plus religieufe doit préfider à l'ordonnance des impôts, à la fixation des dépenfes publiques, au tarif des frais de juftice (54).

La meilleure manière de répartir l'impôt exigeoit que tout le Royaume fubît une divifion abfolument nouvelle; que des Provinces inégales devinffent des Dé-

---

vraiment expreffive dont Henri IV fe fervoit à ce fujet, & qui eft devenue proverbe. (Voyez-la dans LIMNÆUS, p. 650.)

(52) LIMNÆUS, pag. 653.

(53) *Idem*, pag. 665.

(54) Vectigalia, Sumptus publici & Judicia forenfia maximè moderanda. (*Ex libr. SALLUST. de Republ. ordinandâ.*)

partemens , & que chacun d'eux ne portât que sa part des charges communes (55).

Il faut rendre publics les comptes des finances, afin qu'il n'y ait point de fraude qui puisse se cacher (56).

§. V I I I.

Du Clergé.

Ceux qui avoient le plus, contribuoient le moins ; c'est ce qu'on avoit remarqué depuis long-temps sur le Clergé (57).

On avoit tout donné aux Ministres de l'Evangile, même les fiefs de dignité (58).

Le Clergé se plaignoit dans le seizième siècle que

---

(55) Optima vectigalis indicendi ratio, ut tota regio priùs dividatur in certas Partes, cuique Parti certum Tributum indicatur. (*Ex libr. 6. HERODOTI.*)

(56) Publicas rationes cujusque Tributi & Vectigalis extare, ne quam Publicani fraudem faciant, oportet. (*Ex libr. 13. Annalium Corn. TACITI.*)

(57) Les Ecclésiastiques ont toujours bien su se défendre de toutes charges publiques, bien qu'ils tiennent la moitié du revenu de la France. (*HAILLAN, liv.* 1 *de l'état des affaires de France.*)

(58) Le tiers, ou peu s'en faut, de tous les biens de la France, jusqu'aux Duchés, Comtés & Baronnies, a été donné à l'Ordre Ecclésiastique. (*BRET, de la Souveraineté du Roi, liv.* 1.)

fes biens temporels avoient été diminués par le malheur des guerres : ce qu'il difoit avoir perdu auroit fuffi pour acheter plufieurs Royaumes (59). Il nommoit ces biens temporels le patrimoine de l'Eglife ; mais Dieu feul eft fon héritage (60).

Les Docteurs & les Saints avoient eu beau crier que les gains temporels ne devoient point fouiller les mains pures du Prêtre (61) ; que les Clercs devoient imiter le dénuement de leur modèle (62) ; qu'ils devoient tirer de l'autel de quoi fournir leur fubfiftance, mais non de quoi payer leur luxe (63) ; que les Evêques devoient être des Pères, & non des Seigneurs (64) ; que les

---

(59) Le patrimoine de l'Eglife a été diminué en France, par la néceffité des guerres, depuis quarante ou quarante-trois ans, de plus de huit vingt millions de livres ; fomme incroyable, & qui fuffiroit pour acheter toutes les Efpagnes, fi ells étoient en vente. (*Mémoires des affaires du Clergé. Reponfe faite le 30 octobre 1505, par l'Archevêque de Sens.*)

(60) Ecclefiæ hæreditas Deus eft. (*S. Augustin, fup. Pfalm. 5.*)

(61) Sacculum Ecclefiæ non decet turpibus lucris inquinari. (*S. Gregor. ex Regift. libr. 1.*)

(62) Clerici nudi fint, & nudi Chriftum fequantur. (*S. Hyer. ad Nepot.*)

(63) Clericis conceditur ut benè viventes & altario fervientes, de altario vivant, vivant quidem, non luxurientur. (*S. Bernard, in Epiftol.*)

(64) Epifcopi patres fint, non Domini. (*S. Hyeron. in Epift. S. Paul.*)

Miniſtres de l'Egliſe n'étoient que les diſpenſateurs, mais non les poſſeſſeurs des biens accordés à l'Egliſe (65) ; que ſes propriétés appartenoient en propre aux pauvres pour leſquels elles avoient été fondées (66). Toutes ces antiques maximes n'avoient pas prévalu ſur la cupidité, quelquefois ſcandaleuſe, même ouvertement criminelle, de quelques Miniſtres d'un Dieu qui voulut naître & mourir pauvre (67).

Qu'étoit-il arrivé de cette violation des principes les plus ſacrés, de ce contraſte énorme entre les Lois de l'Evangile & les mœurs du Clergé ? Plus l'Egliſe s'eſt enrichie, & plus elle a dégénéré. Saint-Bernard s'écrioit que la Religion avoit enfanté l'opulence, & que la fille impie avoit détruit ſa mère (68).

Du moment où les Prêtres ont quitté le ciel pour la terre, la Religion s'eſt éteinte (69).

---

(65) Sacerdotes bonorum Eccleſiæ non poſſeſſores, ſed diſpenſatores ſunt. (*S. Augustin. in Ep.* 50.)

(66) Eccleſiæ poſſeſſio, ſumptus eſt egenorum. (*S. Ambros. libr.* 5. *Ep.* 31.)

(67) Nous ferons connoître aux Lecteurs un trait bien ſingulier de la pieuſe eſcroquerie des ci-devant Jéſuites ; mais comme ce morceau ſeroit trop long pour une note, nous le rejetterons à la fin de l'ouvrage.

(68) Quantò magis abundare cœpit Eccleſia opibus & latifundiis, tantò magis degenerare cœpit ; ut veriſſimè exclamaverit jam olim S. Bernardus : Religio peperit divitias, & filia devoravit matrem. (*Rittershus. ad Novell. part.* 1, *cap.* 8. *n.* 15.)

(69) Il n'y a pas plus grand moyen pour ruiner la dévotion,

Il n'y avoit qu'un seul moyen de lui rendre sa pureté & sa sainteté primitive; c'étoit de ramener le Clergé aux maximes & aux canons des premiers siècles (70).

Que devons-nous penser de tous les hypocrites qui osent s'élever contre ce changement, devenu si indispensable, & qui s'en vont criant que la Religion catholique est perdue, lorsqu'on la rétablit? Il faut dire, avec Henri IV, que tous ces grands criards ne songent qu'à l'argent, & que si on leur en donnoit ils ne diroient plus rien. Voilà d'excellens Catholiques (71)!

§. I X.

De la Noblesse.

Un autre grand obstacle au bonheur de la Nation,

---

que la grandeur des biens & possessions terriennes que l'on donne à perpétuité aux Eglises. (*Er. Pasquier, Recherches de la Fr. livr. 3.*)

(70) Un Docteur, duquel parle Boërius en ses décisions, disoit que l'Eglise ne retourneroit jamais en son ancienne sainteté, si elle ne retournoit à son ancienne pauvreté. (*Coquille, Histoire du Nivernois.*)

(71) Henri IV disoit au Parlement, lors des difficultés que cette Cour faisoit pour recevoir l'Edit de Nantes : « Ne parlez
» point tant de la Religion Catholique. A tous ces grands
» criards Catholiques & Ecclésiastiques, que je leur donne à
» un deux mille écus en bénéfices, à l'autre, quatre mille livres
» de rente, ils ne diront plus mot. Je juge de même de tous
» les autres qui voudront parler contre l'Edit. (*P. Matthieu, Hist. d'Henri IV, liv. 2.*)

c'étoit cette aristocratie, ennemie éternelle du Peuple & de la liberté (72).

Cette division des hommes en deux classes étoit comme une gangrène qui dévoroit tous les Etats (73).

Dans quel mépris affreux vivoit l'homme du Peuple! les Grands étoient jaloux qu'il respirât comme eux; ils étoient indignés qu'un Plébéïen vécût, parlât, eût la figure humaine (74).

L'orgueil brisoit les nœuds de la société civile; il faisoit deux Etats dans un. On étoit étonné que les Patriciens n'eussent pas établi en Loi qu'un Plébéïen n'avoit pas le droit d'être leur voisin, de marcher sur la même route, de manger à la même table, de plaider au même barreau (75). C'étoit chez les Romains qu'on témoignoit cette surprise. Mais on voit que plusieurs des choses qui

---

(72) Optimates quique inimici populo & populari statui. (*Ex* XENOPH. *libr. de Republ. Athenienf.*)

(73) Unus velut morbus invaferat omnes Italiæ Civitates, ut plebs ab optimatibus diffentiret. (*TIT. LIV.*)

(74) Ecquid fentitis in quanto contemptu vivatis? Lucis hujus partem, fi liceat, adimant. Quòd fpiratis, quòd vocem mittitis, quòd formas hominum habetis, indignantur. (*Idem, libr. 3.*)

(75) Vos fub legis fuperbiffimæ vincula conjicitis id, quà dirimatis focietatem civilem, duafque ex unâ Civitate faciatis. Cur non fancitis, ne vicinus Patricio fit Plebeius? ne eodem itinere eat? ne idem convivium ineat? ne in foro eodem confiftat? (*Idem, libr. 4.*)

leur fembloient fi ridicules, avoient été admifes parmi nous dans les temps de féodalité.

Dès le temps des Romains, l'homme du Peuple répugnoit à foutenir la guerre pour des maîtres fuperbes, qui l'excluoient de tout partage dans les honneurs publics & dans leurs alliances (76). Le nom de Citoyen leur étoit vainement commun ; les uns étoient nés pour l'empire & les autres pour l'efclavage (77). C'eft ce qui avoit dicté ces réflexions affligeantes de quelques Ecrivains, qui difoient que l'efpèce humaine étoit en proie au petit nombre (78), & que la mort étoit la feule égalité qui fût entre les hommes (79).

La raifon & l'expérience réclamoient à-la-fois contre cette diftinction. Car, quant à la naiffance, que peut-elle prouver ? L'origine de tous les Rois remonte à des efclaves, & les efclaves à leur tour defcendent tous des Rois. Le temps & la fortune ont confondu toutes les races, & brouillé fucceffivement toutes les généalogies (80).

---

(76) Nemo dimicaturus pro fuperbis Dominis, cum quibus nec in Republicâ honorum, neque in re privatâ connubii focietas eft. (*Tit. Liv. libr.* 4.)

(77) Pars alterna in æterno imperio locata, plebem nufquam aliò natam quàm ad ferviendum putet! (*Tit. Liv. libr.* 7.)

(78) Humanum paucis vivit genus. (*Lucan.*)

(79) Mors fola jus æquum eft generis humani. (*Crescentii Selecta politica.*)

(80) Omnes Reges ex fervis, omnes fervi ex Regibus oriuntur. Omnia ifta longa varietas mifcuit, & furfum & deorfum fortuna verfavit. (*Senec. Epift.* 44.)

Rome dut fes grandeurs & fes accroiffemens au bon
efprit qu'elle eut de ne pas s'attacher au préjugé de la
naiffance (81). Elle vit à la guerre des exploits auffi
beaux fous le commandement de fes Généraux Plé-
bëïens, que fous les Chefs Patriciens. On comptoit autant de triomphes d'un côté que de l'autre (82).

Néanmoins les Pères confcrits s'oppofèrent long-temps
à ce que d'autres hommes puffent fe croire leurs égaux
(83). L'hiftoire nous apprend quelle fuite funefte
pour les Patriciens eux-mêmes fut l'effet de leur réfif-
tance aux defirs naturels & modérés du Peuple (84).
Cette obftination fut dangereufe & inutile ; & fans doute
elle devoit l'être.

Cet exemple auroit dû guider la nobleffe françoife,
d'autant plus que fes droits étoient plus révoltans encore que le Patriciat Romain.

---

(81) Dum nullum faftiditur genus, in quo eniteret virtus,
crevit Imperium Romanum. (*Tit. Liv. libr.* 4.)

(82) Numerarentur triumphi : pro certo habere, fi quod re-
pens bellum oriatur, non plus fpei fore Senatui Populoque Ro-
mano in Patriciis, quàm in plebeiis ducibus. (*Tit. Liv. libr.*
10.)

(83) Patres fummâ ope obftabant, ne fe infectando, fibi
æquari affuefcerent homines. (*Tit. Liv. libr.* 22.)

(84) Nimia unius Ordinis Reipublicæ in fuâ dignitate fibi
retinendâ nullique alii communicandâ obftinatio, magnas fæpè
easque inutiles, & ipfimet illi Ordini funeftas contentiones
parit. (*Tit. Liv. Decad.* 1. *libr.* 4.)

Nulle part dans l'Europe, ce qu'on appelle un Gentilhomme n'avoit des priviléges aussi exorbitans qu'en France (85).

Ailleurs, les droits de la naissance ne font guères qu'honorifiques, & il faut convenir que l'honneur seul répond à l'espèce d'idée qu'on se fait de cette chimère. Mais en France, la pureté de l'institution étoit étrangement souillée par un mélange d'intérêt. Les Nobles avoient rejeté le fardeau entier des subsides sur ce qu'il étoit convenu d'appeler *Tiers-Etat*, *Populace*, *Canaille*. Tous ces mots étoient synonymes dans le dictionnaire de ces gens, dits de qualité. La France étoit le seul pays où ce fût un opprobre de remplir le devoir de tout bon Citoyen, celui d'acquitter pour sa part les contributions publiques (36).

Des Déclamateurs ignorans ont dérobé à la Noblesse la connoissance de ces faits & de ces vérités. Ils ont

---

(85) Les priviléges, franchises & immunités des Nobles sont si grands en France, que parmi les autres peuples il n'y a rien tel. (*MARÉCHAL, des droits honorif.*)

(86) Il est bien certain qu'il n'y a pays au monde où la Noblesse soit plus avantagée qu'en France; mais presque partout ailleurs, elle n'est qu'honoraire, n'ayant aucunes franchises particulières, pour ce que les tailles n'y sont pas ordinaires sur le Tiers-Etat seulement, comme en France; ains les subsides s'y lèvent indifféremment sur tout le peuple. (*LOISEAU, des Seigneuries.*)

défiguré l'hiftoire (87) ; & au défaut d'autres raifons, ils ont inventé des injures, ils ont affecté, par exemple, de traiter de *Populaciers* les défenfeurs du Peuple.

La plus faine partie des bons Gentilshommes François penfoit différemment de ces Nobles ftupides. Elle avoit voté d'elle-même l'abandon de ces priviléges honteux par leur objet, puifqu'ils étoient pécuniaires. Il étoit jufte, il étoit fage de renoncer d'avance à ce qu'on ne pouvoit garder (88).

Mais on a perdu le mérite de cette abdication ; on a voulu que la Nobleffe fe féparât des Citoyens, & il a fallu recourir au feul moyen de diffiper cette faction dangereufe, celui de propofer la liberté au Peuple (89).

§. X.

De l'amour de la liberté.

Dans les Sociétés naiffantes, les hommes fe font réunis pour demander des maîtres, parce qu'ils n'avoient

---

(87) Le Comte de Boulainvillers, vrai fanatique de nobleffe, a égaré beaucoup de gens par fes ouvrages infidèles. (Voyez les erreurs que relèvent les Sçavans de Leipfick, & le compte qu'ils rendent de fes écrits, dans les *Acta Eruditorum.*)

(88) Offerendum ultrò rati, quod amiffuri erant Patres. (*Tit. Liv. libr.* I.)

(89) Nobilitatis factio maturè femper difturbanda, ad eamque rem efficiendam libertas Populo proponenda. (*Ex Sallust. de Republ. ordinandâ.*)

pas éprouvé les douceurs d'un Gouvernement libre (90).

Mais rien ne vaut la liberté ; on ne peut l'acheter trop cher. Tout homme qui en fait le prix, doit la mettre au-deſſus de tout (91).

Il ne faut donc pas s'étonner ſi un Peuple éclairé s'eſt porté avec tant d'ardeur & tant d'impatience au-devant de la liberté (92).

Quel péril pouvoit arrêter ceux qui conſidéroient la Nation placée entre la ſouveraineté & ſon ancien eſclavage ; qui voyoient qu'il dépendoit d'eux de changer pour jamais le ſort de leur patrie (93) ; qui ſentoient qu'on agit avec bien plus d'acharnement pour recouvrer la liberté, que pour conſerver les débris d'un deſpotiſme enfin caduc (94) ?

Si cette lutte a entraîné quelques excès particuliers,

---

(90) In variis voluntatibus, regnari tamen omnes volebant, libertatis dulcedine nondum expertâ. (*Tit. Liv. libr.* 1.)

(91) Quod optimum inter homines, libertas eſt. (*Apud Laert.*)

Non poteſt parvo conſtare libertas. Hanc ſi magno æſtimas, omnia parvo æſtimanda ſunt. (*Senec. Epiſt.* 105.)

(92) Nihil neque mirari, neque ſuccenſere Antiochum debere, ſi ſpem libertatis differri non ſatis æquo animo paterentur. (*Tit. Liv. libr.* 33.)

(93) Nec his, nec illis periculum ſuum ; publicum Imperium ſervitiumque obſervatur animo ; futuraque ea deindè Patriæ fortuna, quam ipſi feciſſent. (*Tit. Liv. libr.* 1.)

(94) Ferocior dolor in libertate vindicandâ, quàm cupiditas in injuſtâ dominatione retinendâ. (*Tit. Liv. lib.* 3.)

il ne faut pas que l'on reproche aux amis de la liberté ce qui n'eſt que la faute de quelques hommes égarés (95).

Ne voyons que l'uſage que nos Repréſentans ont fait & doivent faire de cet enthouſiaſme que la liberté nous inſpire. Continuons à parcourir les diverſes parties de l'immenſe travail de notre Conſtitution.

§. X I.

De la Capitale.

C'eſt de la capitale qu'eſt parti cet enthouſiaſme & qu'il s'eſt répandu dans toutes les Provinces ; nous ne devons pas l'oublier.

Je ne ſais quel Département a fait la propoſition que les Légiſlateurs & le Roi (co-Légiſlateúr par le moyen de ſon *veto*) ſiégeaſſent dans les grandes villes alternativement, au lieu de reſter à Paris. Cela ſeroit impraticable ; mais, fût-elle poſſible, cette ſucceſſion de capitales ambulantes ſeroit très-dangereuſe.

Dans un Etat, quel qu'il puiſſe êire, Monarchique ou Républicain, il ne faut qu'une Métropole. C'eſt ce qui maintient l'harmonie & la réunion de tous les membres compoſant le grand Corps politique ; au lieu que pluſieurs Métropoles diviſent ſes parties & engendrent des factions (96).

---

(95) Ne unius amentiam Civitati aſſignarent : ſuo quemque periculo furere. (*Tit. Liv. libr. 35.*)

(96) In unoquoque Regno aut Republicâ unam duntaxat

Il faut que cette Métropole , ce centre unique du Royaume, soit le principal fanctuaire de la Religion, le terme & le dernier reffort de toutes les grandes affaires ; enfin, le fiége augufte & la demeure du Monarque (97).

L'Empire Romain n'eft tombé qu'après que Rome ceffa d'être le fiége du Sénat & le féjour des Empereurs (98).

Sully avoit le plus grand foin que les voyages de Henri IV à Fontainebleau, ou en quelqu'autre lieu, n'apportaffent aucun obftacle à ce que les affaires fuffent

---

Metropolim , non autem plures effe oportet. Facit enim ea res reliquum Regni Corpus coadunans & confentiens. Plures verò Metropoles illud anteà unitum dividunt in factiones. *Sic Senatus Roman. obftat ne Veii & Roma æquentur.* (*Florileg. polit. Ex libr. 5. Decad. 1. TIT. LIV.*)

. (97) In fingulis Rebuspublicis unam effe Metropolim urbem neceffe eft. . . . Præcipuum pietatis exemplum & facrarium; item ultimus juris adminiftrandi & dicundi forus & gradus; denique honoratiffima majeftatis regiæ fedes. Maximè enim hæc tria favorem hominibus conciliant. (*Ibid. ex Philippo COMINGÆO.*)

(98) Il feroit trop long de citer tous les Hiftoriens & tous les Politiques qui fe font occupés des caufes de la décadence romaine : il fuffit d'indiquer Montefquieu, Gibbon & Mably. Denina fur-tout a prouvé qu'une grande partie de la félicité publique fous le règne des Antonins doit être attribuée à leur demeure habituelle dans le centre de l'Italie.

expédiées

expédiées & fignées à Paris (99). Ce Miniftre auroit-il prévu qu'on pourroit fe jouer un jour des malheureux François, au point de les faire venir du fond de leurs Provinces dans cette capitale, pour courir à grands frais de Paris à Verfailles, de Verfailles à Compiègne, de Compiègne à Fontainebleau, après des Commis ou des Juges fuivans la Cour en pofte ?

§. X I I.

De la manière de nommer les Fonctionnaires publics.

La diftribution des fonctions publiques eft une partie importante de tout Gouvernement, & un acte majeur de fouveraineté.

L'hérédité des charges & des emplois publics eft un mode très-vicieux; les fils fuccèdent rarement au mérite des pères, quand ils font affurés de fuccéder à leurs honneurs. Cette tranfmiffion forcée des dignités publiques à des gens incapables, les porte à s'oublier eux-mêmes, & cette caufe a fait tomber en décadence les Etats les plus floriffans (100).

---

(99) C'eft ce qu'on peut voir dans les Economies Royales, *paffim.* Sully s'applaudiffoit de fon attention à cet égard. Il y revient fouvent.

(100) Hæreditaria honorum & bonorum publicorum fucceffio, & à patribus in filios etiam imperitos rerum & caufæ cur ea confequuntur continuatio, effecit ipfos fucceffores infolentes & obliviofos, & caufa fuit ut optimæ Reipubl. formæ tandem degenerarent. (*Florileg. polit. ex* POLYB. *libr.* 6.)

De l'origine ancienne, &c.　　　　　　　　C

Le choix du Prince fuffifoit, au dire des Jurifconfultes, pour rendre le fujet capable (101). C'eft une indigne flatterie.

Le régime électif eft le meilleur de tous, pourvu qu'on ne commette pas la faute & l'injuftice de concentrer les choix dans le nombre des hommes riches (102).

Les habitans de chaque ville doivent choifir leurs Magiftrats (103).

Tout Fonctionnaire public tire fon pouvoir des fuffrages, ou du moins de l'aveu du Peuple (104).

Il ne faut pas accumuler plufieurs emplois publics fur une même tête ; c'eft affez d'une charge pour celui qui veut la remplir (104).

Les Fonctionnaires publics, pour mériter d'être choifis, doivent être prudens, vertueux, expérimentés. Ce n'eft point leur fortune, c'eft leur talent, c'eft leur vertu que

---

(101) Dignus eft quem princeps eligit. (*Apud Jurifp.*)

(102) Judices & Magiftratus à paucis eligi effe probari eft regium ; eofdem autem ex pecuniæ cenfu legi eft inhoneftum. (*Ex libro SALLUST. de Republ. ordinanda.*)

(103) Magiftratuum fuorum electio in unâquaque civitate fit penès ipfum populum. (*Ex POLYB. libr. 6.*)

(104) Magiftratus demandentur ex populi fuffragio, faltem ex confenfu. Neque uni & eidem plura munera publica delegentur, fed fingula fingulis. (*Ex ARIST. libr. 6. polit. cap. 2. lib. 4. c. 15.*)

l'on doit confulter. Il faut fur-tout que leur civifme foit au-deffus de tout foupçon (105).

On ne fauroit trop répéter que dans la difpenfation des fonctions publiques, les Electeurs ne doivent avoir égard qu'à la capacité & à l'intégrité, fans s'arrêter à la fortune, au crédit, ni à la naiffance, ni à aucun autre motif (106).

Les mœurs du père de famille qui a bien conduit fes affaires, forment un préjugé en faveur de fon aptitude à gérer les affaires & les intérêts de l'Etat (107); car c'eft par les vertus privées qu'on fe forme aux vertus publiques.

§. XIII.

Des obligations des Fonctionnaires publics.

Les Fonctionnaires publics nommés à perpétuité ne

---

(105) Mandentur autem Magiftratus viris virtute præditis, prudentibus, ejus rei q æ in eo Magiftratûs tractari debet callentibus, veracibus & dignis; non ex cenfûs ratione, fed virtutis & fcientiæ gradu : denique iis qui nulli fint ex civibus hoftes & infenfi (*Ex Aristot. polit. libr.* 7. *c.* 7. *& 9.*)

(106) In tribuendis Reipublicæ muneribus unius maximè virtutis, non cenfûs, non generis, non virium, cœterarumque rerum externarum ratio habenda. (*Ex Platonis Menexeno.*)

(107) E privatâ domo benè conftitutâ poteft fieri judicium de prudentiâ & induftriâ patrisfamilias, ut ad publica gubernacula admittatur. *De Milefiis agros excolentibus.* (*Ex libr.* 5. *Herodot.*)

se conduisent pas si bien que ceux qui sont nommés pour un temps seulement. D'ailleurs, les Citoyens doivent avoir leur tour de commander & d'obéir (108).

Cette vicissitude est un moyen de maintenir l'égalité, qui est le rempart de la liberté (109). Ceux qui sont condamnés à obéir toute leur vie, en trouvent le fardeau trop lourd (110).

Plus les places sont grandes & les fonctions importantes, plus il faut borner leur durée. On limite au moins par le temps ceux qu'on ne peut restreindre du côté du pouvoir (111).

Tout seroit perdu, si le Peuple oubliant cette sauvegarde de son indépendance, venoit à s'ennuyer des Assemblées électives, & à les trouver trop fréquentes ; c'est ce dégoût impolitique qui a fait créer autrefois des Magistratures à vie. Ce fut le premier pas qui fut fait vers le despotisme (112).

---

(108) Perpetui Magistratus non solent esse tam sinceri, quàm si ad tempus duntaxat eligantur. Et vices parendi ac imperandi inter Cives esse, longè tolerabilius est. (*Ex Arisot. libr. 6. Polit. c. 2. libr. 7. cap. 14*).

(109) Vicissitudo imperandi est unum æquandæ libertatis consilium. (*Tit. Liv. libr. 2. Decad. 1.*)

(110) Grave esse iisdem per tot annos magnâ parte vitæ obnoxios vivere. (*Tit. Liv. libr. 4.*)

(111) Maximam Reipublicæ custodiam esse, si magna imperia diuturna non essent, & temporis modus imponeretur quibus juris imponi non posset. (*Tit. Liv. libr. 4.*)

(112) Propter tædia annuæ factionis & creationis Magistra-

Nul Fonctionnaire public ne doit être exempté de l'obligation de rendre compte & de répondre de sa gestion au public (113).

Il paroît qu'un bon Citoyen est tenu d'accepter & de remplir, le mieux possible, les fonctions publiques qui lui sont déférées, quand même elles lui paroîtroient au-dessous de ce qu'il mérite (114).

On pourroit même aller jusqu'à déclarer criminel celui qui refuse un emploi où le vœu du Public l'appelle (115).

Mais, d'un autre côté, il ne faut pas qu'un Citoyen se ruine pour le Public. La Patrie doit pourvoir a son indemnité (116).

---

tuum, perpetui Magistratus sunt creati, isque primus fuit ad Tyrannidem constituendam gradus. (*Ex Tit. Liv. Decad. 1. libr. 5.*)

(113) Nullus Magistratus à reddendâ sui muneris ratione Reipublicæ immunis esto. (*Ex libr. 6. Platonis de Legibus.*)

(114) Boni civis esse videtur, quodcunque Patriæ munus delatum fuerit, admittere, & id pro virili parte curare, etiam si humilius videatur quàm ejus æstimationi cui demandatur conveniat. (*Simonid. apud. Plutarc. de Polit.*)

(115) Qui Civis munus sibi à Republicâ demandatum recusarit, damnas esto. (*Ex libr. 6. Platonis de Legibus.*)

(116) Ne quis, dum Reipublicæ vacat & inservit, damnum patiatur ; sed interim illi prospiciatur. (*Ibidem.*)

§. X I V.

De l'Ordre judiciaire.

Sans un ordre judiciaire, régulièrement établi, il n'est point de Gouvernement (117).

La justice est le fondement de la Société, & sa transgression est la première cause du bouleversement & de la chute des États (118.)

On ne doit pas attribuer à celui qui gouverne, sous prétexte d'évocation, la connoissance des affaires qui regardent les Juges, non plus que celle des objets qui doivent être discutés par les Représentans du Peuple (119).

Dans un État bien policé, l'on établit des Tribunaux où les particuliers portent leurs contestations, pour être décidées suivant l'équité & la Loi, dans les formes prescrites (120).

---

(117) Nulla est Respublica ubi judiciorum forensium ratio aut nulla est, aut non rectè constituta. (*Ex lib. 6. Plat. de legib.*)

(118) Sine justitiâ impossibile est habitare civitatem. (*Arist. Polit. 3.*)

Politiæ maximè dissolvuntur propter justitiæ transgressionem. (*Idem Polit. 5.*)

(119) Tyrannicum imperium est cùm is qui imperat, rationem uni sibi reddi vult etiam eorum quorum cognitio ad judices aut regni ordines pertinet. (*Ex Corn. Tacit. Annal. libr. 1.*)

(120) In Republicâ bene moratâ, judicia forensia constitui debent, in quibus ex æquo & bono, secundum leges tamen

Il faut réduire, autant qu'on peut, le nombre des procès, & abroger les Loix qui servent d'aliment à la passion des plaideurs (121).

Nos Ordonnances anciennes avoient tourné l'esprit françois vers l'art de la chicane (122).

Les Étrangers nous reprochoient que le seul Royaume de France avoit plus d'aboyeurs en robe & de barbouilleurs mercenaires de papier ou de parchemin, qu'on n'en pouvoit trouver dans toute l'Allemagne, dans l'Espagne, dans l'Italie, & dans trois autres grands pays de l'Europe (123).

Pour diminuer l'influence de ces Ministres de discorde,

& observato legitimo cognitionis ordine qui præscribetur, de controversiis privatorum inter se judicetur. (*Ex libr.* 9. *PLATONIS de Legibus.*)

(121) Lites minuendæ, & quæ leges easdem alunt, abrogandæ. (*Ex ISOCRAT. Orat. ad Nicoclem.*)

(122) Plusieurs bons esprits de la France, piqués de l'amorce du gain présent, laissent bien souvent les bonnes lettres, pour suivre le train du Palais, & s'assoupissant par cette voie, pendant que, comme ânes voués au moulin, ils consomment leurs esprits à se charger de sacs, au lieu de livres. (*Et. PASQUIER, Recherc. de la Fr. liv.* 2. *ch.* 4)

(123) Quod à Germano quodam Gallis exprobratum fuit, pro vero agnoscit Ludovicus Guyon, nempe quòd in solo Franciæ regno reperiantur plures Rabulæ forenses & chartæ vel membranæ corruptores, quam in totâ Germaniâ, Italiâ, Hispaniâ & tribus insuper aliis magnis Europæ regionibus. (*LIMNÆUS, de regno Franciæ.*)

il faut que des amis soient chargés de mettre la paix entre les Citoyens, avant de leur permettre de recourir à la justice (124).

Les habitans de la campagne ne doivent pas être distraits des travaux de l'agriculture. Il faut leur éviter les occasions de plaider (125). C'est la meilleure espèce d'hommes, que celle qui cultive la terre (126).

La règle principale d'un bon ordre judiciaire, c'est de rendre l'empire de la Loi tout-puissant, & non celui du Juge, qui n'est jamais qu'un homme (127).

§. X V.

De la Justice criminelle.

La bonne législation doit s'attacher sur-tout à prévenir les crimes; quand ils sont arrivés, elle doit les faire punir (128).

---

(124) Priùs per amicos tentanda est pax inter Cives, quàm lites intententur. (*Ex libr. 6. PLATON. de Legibus.*)

(125) Occupati circà rem rusticam in forum compellendi non sunt. (*ULP. l. 1. ff. de feriis.*)

(126) Optimus populus est, qui terræ colendæ deditus est. (*ARIST. Polit. 6.*)

(127) Imperia legum potentiora, quàm hominum. (*TIT. LIV. libr. 1.*)

(128) Custodes legum diligenter prævideant ne fiant delicta; deindè facta, prout jus postulat, puniantur. (*PLAT. de Leg. dial. 6.*)

Notre Ordonnance criminelle enchériſſoit ſur la ri- gueur de celle des Romains. On s'en plaignoit depuis long-temps (129).

Dans les jugemens criminels, la défenſe de l'accuſé doit être libre comme l'accuſation elle-même. L'une & l'autre feront préciſes, examinées à loiſir, & la ſentence enfin ſera portée par des Jurés (130).

Les Juges criminels doivent être nombreux ; car c'eſt là que pluſieurs jugent bien mieux qu'un ſeul (131).

§. X V I.

Du Tribunal de caſſation.

Il faut, dans tout État, établir une eſpèce de Col- lège ſacré, chargé de prononcer lorſque les Lois ſont

---

(129) La procédure criminelle de France eſt plus rude aux accuſés que celle des Romains. Premièrement, pour un coup de poing, nous uſons de la même procédure ſecrette dont les Romains uſoient au crime de lèſe-majeſté, comme le docte juge criminel Airault a bien prouvé en ſa pratique. &c. (*LOYSEAU*, *liv.* I. *des Offices.*)

(130) In criminalibus judiciis accuſatio Rei, ejuſdemque defenſio ſit libera, certa, examinata, non feſtinata, à juratis judicibus tandem ſententia dicatur & pronuncietur. (*Ex libr.* 9. *PLATONIS de Legibus.*)

(131) Turba multa meliùs judicat, quàm unus tantùm (*ARIST. P.* 3.)

violées. Ce fera le Sénat fuprême, il fera compofé des meilleurs Citoyens (132).

§, XVII.

De la Juftice rémunérative.

C'eft peu de réprimer les crimes : dans un État bien policé, l'on encourage les vertus par l'éloge & la récompenfe (133). Ce motif eft plus efficace que la crainte des châtimens (134).

On ne mettra jamais au nombre de ces récompenfes, pour quelque grand fervice qu'on puiffe avoir rendu, aucun privilége qui puiffe troubler l'égalité & la paix de l'État (135).

Il faut accoutumer les Citoyens les plus puiffans,

---

(132) Sacrum aliquod collegium in quâvis Republicâ inftituatur, ad quod publicarum legum violatarum cognitio & jus pertineat, qui fit fupremus Reipublicæ fenatus, in quem boni juvenes & optimi Cives recipiantur. (*Ex libr.* 12. *PLATONIS de Legibus.*)

(133) In Republicâ benè moratâ rebus præclarè geftis laus & præmium tribuitur. (*Ex PLATONIS Menexeno.*)

(134) Bonos non folum metu pœnarum, fed proemiorum quoque exhortatione efficere cupientes. (*ULP. l.* 1. *de Juft. & jure.*)

(135) Cavendum ne cuiquam, quantumvis de Republicâ bene merito, tale quidpiam tribuatur quod Reipublicæ pacem turbare vel in præfens, vel in pofterum poffit. (*Ex libr.* 5. *HERODOTI.*)

ceux qui ont le plus d'influence, à obéir aux Lois (136).

On doit bien se garder de donner tant d'autorité à qui que ce puisse être, qu'un simple Citoyen ne puisse réclamer ses droits contre lui, comme il le feroit contre tout autre (137).

§. X V I I I.

Du maintien de la Révolution dans l'intérieur.

La Constitution nouvelle sera fortifiée par le serment de tous les Membres de l'État qui l'adopte, par la punition de ceux qui chercheroient à renverser la Loi, & par les préférences données à ceux qui sont fidèles (138).

Quel est le Citoyen honnête qui refuseroit ce serment, & qui sépareroit son sort du sort de sa Patrie (139)?

---

(136) Omnes ac præsertim potentissimos quosque & maximæ authoritatis in Republicâ aut regno viros Legibus ac Magistratibus parere opportet, & ad eam rem assuefieri. (*Ex XENOPH. libr. de Republ. Lacædem.*)

(137) Nunquam tanta cuiquam astruenda est potentia, ut cum eo posteà de tuo, quamvis manifesto, jure disceptare ex æquo non queas; & in potestate ejus penitus sit quicquid libet, nemine aversante, facere. (*Ex DIONE.*)

(138) Novus status Reipublicæ est jure jurando ab ordinibus, severisque pœnis in eos qui illum evertere conantur, sanciendus; quique illi statui favent, promovendi inprimis ac augendi. (*Ex TIT. LIV. Decad. 1. libr. 2.*)

(139) Quem bonum Civem secernere sua à publicis consilia? (*TIT LIV. libr. 4.*)

Dans un État libre, on tolère des opinions différentes, pourvu qu'elles n'entraînent point de révolte contre la Loi. Le choc de ces opinions entretient l'harmonie & l'équilibre de l'État (140).

Les Citoyens qui gagnent à ce nouvel ordre de choses, doivent apprendre au juste ce que c'est que la liberté. C'est l'exécution sévère & scrupuleuse de la Loi; ce respect pour la Loi fait le salut public. Ce n'est que de la Loi qu'il est beau d'être esclave (141).

Les Citoyens qui perdent doivent se résigner à suivre le mouvement universel qui entraîne à-la-fois les hommes & les choses (142). Ils se diront qu'il vaut bien mieux que l'État soit heureux & riche, que les particuliers; car la félicité publique est la félicité de tous, au lieu que l'opulence ou la gloire particulières sont des biens incertains, dont on ne peut jouir dans les troubles publics (143).

---

(140) In Republicâ diversæ factiones, quæ non moveant seditionem, sunt tolerandæ, quo ex his fiat temperatior Reipublicæ status & quoddam æquilibrium. (*Ex Tit. Liv. Decad.* 1. *libr.* 2.)

(141) Salus, non servitus est putanda ad Reipublicæ normam & leges se componere. In legum enim severâ executione salus & vera populi libertas consistit. (*Crescentii selecta politica.*)

(142) Solatium grande est cum universo unà rapi. (*Crescentii selecta politica.*)

(143) Præstat Rempublicam publicè esse felicem, tutam & divitem, quàm singulos & privates; nam illâ felice, & hi quo-

Il faut renoncer à l'idée d'arracher par la force au Peuple, des Lois qui lui sont chères (144).

Il suffit que le Peuple soit bien déterminé à secouer le joug d'un Gouvernement absolu, pour qu'il soit sûr de le détruire. Sa volonté fait sa victoire. Il n'y a plus de despotisme, quand on ne veut pas le souffrir (145).

§. X I X.

Des effets de la Révolution à l'extérieur.

Les ci-devant Provinces, ne songeant qu'à leurs privilèges & à leurs intérêts privés, n'auroient jamais été d'accord, & n'auroient pas eu de ferveur pour défendre la liberté (146).

Il falloit établir entre toutes les villes, entre tous les

---

que servantur; his solùm beatis, illâ verò miserâ, tandem & ipsi evertuntur. (*In oratione Periclis ad Athenienses, ex libr.* 2. THUCYDID.)

(144) Quæ populo grata sunt & commoda, vix illi eripias. (*Ex* TIT. LIV. *Decad.* 1. *libr.* 2.)

(145) Si vel semel apud se populus decreverit ne tyrannicè regatur, & ut tyrannidem à suis cervicibus depellat & decutiat, penè jam tyrannidis victor est. Magna enim populi adversùs tyrannum victoriæ pars est, nolle ampliùs tyrannidem pati. (*Ex* TIT. LIV. *Decad.* 1. *libr.* 6.)

(146) Quæ provinciæ suo potiùs quæque commodo quàm patriæ libertati student, inter se consentire non possunt. (*Ex* POLYB. *libr.* 2.)

Départemens, le syncrétisme ; c'est-à-dire, cette con-
fédération universelle de l'Etat contre ses ennemis (147),
ou du dehors, ou du dedans (148.

L'égalité des droits est l'appât le plus sûr pour en-
gager les autres Peuples à se fier & à se joindre au
Peuple qui l'a établie (149).

Toutes les Nations auront intérêt désormais de s'unir
avec nous, & l'intérêt commun est le premier des
nœuds (150).

L'exemple heureux d'un Peuple libre invitera les autres à jouir du même avantage, & à se réunir avec la

---

(147) Optima regionis totius tutandæ adversùs extraneos
hostes irruentes ratio est syncretismus. Id est, cùm omnes
regiones illius populi & urbes communi consensu ac viribus
adversùs hujusmodi extraneos conveniunt & pugnant, eosque
à suis cervicibus propellere pariter conantur. (*Ex libr.* 6.
Thucydid.)

(148) Nihil tam communem totius regionis pacem adverfus
extraneos hostes aut incolas illius quosdam illi insidiantes tue-
tur, quàm omnium vel præcipuarum illius regionis urbium
mutuum fœdus & syncretismus.(*Ex libr.* 4. *Polyb.*)

(149) Ejusdem juris, moris & gubernationis præsertim æqua-
bilis perpetua conservatio & retentio facilè multis persuadet,
ut & se nobis adjungant, & nos æquos ac constantes esse in
promissis credant. (*Sic de Achæis omnes Peloponnesii statuerunt.
Ex libr. Polyb.* 2.)

(150) Quæ igitur res mihi fiduciam præbet conjungi nobis
Philippum posse ? Una, communis utilitas, quæ societatis maxi-
mum vinculum est. (*Tit. Liv. lib.* 36.)

(47)

Nation qui leur aura tracé la route de l'affranchisse-
ment (151).

Les hommes jaloux d'être libres feront dignes d'être
François (152).

§. X X.

Des trois bases de la conservation de l'État.

Le mariage, l'éducation, les armes, font les fonde-
mens des Etats (153).

Le mariage est destiné à conserver le genre humain.
Ce nœud doit être chaste & saint, & les Lois doivent
y pourvoir (154).

Il faut qu'elles statuent sur les dots & sur les di-
vorces (155).

---

(151) Ad recuperandam libertatem facilè reliquæ vicinæ
Civitates incitantur unius aut alterius exemplo cui id feliciter
succeffit, & quæ posteà reliquas illas ad societatem invitat &
admittit. (*Sic Achæorum urbes excitatæ.* POLYB.)

(152) Eos, qui nihil præterquam de libertate cogitant, dignos
esse qui Romani fiant. (TIT. LIV. *libr.* 8.)

(153) Leges autem maximè de connubiis caveant, item de
primâ liberorum educatione, eorumque publicis exercitiis. Hæc
enim duo funt univerfæ Reipublicæ fundamenta. (*Ex* ARISTOT.
Politic. libr. 7. *cap.* 16 & 17.)

(154) Conjugium est fundamentum generis humani. Itaque
illius castitas & sanctitas debet feverè legibus fanciri. (*Ex libr.* 4.
PLATON. *de Legibus.*)

(155) De conjugibus, dotibus ac divortiis leges fcribuntur.
(*Ex libr.* 6. PLATON. *de Legibus.*)

L'éducation des enfans & leurs exercices publics ne méritent pas moins d'occuper les Légiſlateurs.

Les Magiſtrats ſuprêmes doivent veiller ſur ce grand point de l'inſtitution de l'enfance & de la jeuneſſe (156).

Des affaires publiques, c'eſt la plus ſérieuſe (157).

Ceux qui ont du génie, feront méchans & dangereux, s'ils font mal élevés. L'éducation des enfans doit être d'autant plus ſoignée qu'ils ont reçu de la nature plus d'aptitude à être inſtruits (158).

Dès l'âge le plus tendre, les enfans doivent contraſter la diſcipline militaire (159).

Dans toutes les époques, un État libre exige que les Citoyens ſoient Soldats (160).

Il faut inſtituer des jeux publics & militaires, avec

---

(156) Magiſtratus eſt etiam ſummi proſpicere & operam dare ut pueri & juvenes honeſtè & ſanctè à primâ adeò ætate & infantiâ inſtituantur. (*Ex libr.* 4. *PLATON. de Republ.*)

(157) Adoleſcentiæ recta inſtitutio eſt publicorum negotiorum omnium maximè ſerium. (*Ex libr.* 6. *PLATONIS de Legibus.*)

(158) Magna ingenia, ſi nacta fuerint pravam educationem, tantò evadunt deteriora. Ergò illa imprimis rectè & ſanctè inſtituenda ſunt. (*Ex libr.* 6. *PLATON. de Republ.*)

(159) Militaris diſciplina pueros maturè docenda & illi ad eam ſunt aſſuefaciendi. (*Ex libr.* 7. *PLATON. de Legibus.*)

(160) Militaris diſciplinæ cognitio vigere debet in quâvis duraturâ Republicâ. (*Ex libr.* 8. *PLATON. de Legibus.*)

des

dès prix pour ceux qui manieront le mieux leurs armes (161).

C'eft un figne de defpotifme que d'interdire aux Citoyens les exercices militaires (162).

§. X X I.

Obfervations importantes pour l'achévement & la perfection de la Conftitution.

Il ne faut pas perdre de vue quelques maximes importantes.

1°. De tout temps on a reconnu trois formes de Gouvernement ; mais il y en a davantage. Ce n'eft point la Monarchie pure, ni l'Ariftocratie pure, ni la Démocratie pure, qui forment le fyftême le plus avantageux. N'oublions pas que le meilleur doit être une combinaifon & un mélange adroit de ce que ces trois formes ont de plus excellent chacune (163).

___

(161) Ludorum publicorum qui ad rem militarem pertinent, ufus in Republicâ effe debet, & præmia iis publicè propofita. (*Ex lib.* 8, *PLATONIS de legi.*)

(162) Eft tyrannorum nolle ut fubditi fefe militaribus rebus exerceant. (*Ibidem.*)

(163) Nec folæ eæ tres Reipublicæ formæ effe poffunt quæ à philofophis traduntur, monarchia, ariftocratia & democratia ; (funt enim plures) ; nec eædem quoque meræ & puræ conftitutæ funt commodæ ; verum eæ demùm quæ ex tribus illis formis fimul mixtis conftant. (*Ex POLYB. libr.* 6.)

De l'Origine ancienne, &c.   D

2°. Pour conserver la liberté, les accusations publiques doivent être très-favorables. Ce fut l'arme du Peuple à Rome contre l'orgueil patricien (164).

3°. Il faut renouveler souvent la publication des Lois qui établissent l'égalité des droits ; car il faut empêcher que l'aristocratie ne prévale à la longue contre la liberté (165).

4°. Enfin, la Constitution étant heureusement finie, il faut prévoir d'avance & fixer une époque où elle sera corrigée ; car le temps & l'expérience mènent le genre humain vers la perfection (166).

____

(164) Liberæ sint accusationes ; hæ enim velut arma fuere plebis Romanæ adversus Patricios. (*Tit. Liv. libr.* **2.**)

(165) Leges populares sæpè renovandæ, ne contrà eas plus paucorum opes, quàm libertas plebis, valeant. (*Tit. Liv. libr.* **10.**)

(166) Non solum oportet politiam à principio instituere, sed etiam oportet ipsam corrigere. (*Aristot. Polit.* 4).

NOTE REJETÉE A LA FIN.

J'AI promis de donner une anecdote curieuse fur l'art avec lequel des prêtres ont fu s'emparer autrefois de l'efprit des mourans, pour fe faire donner leurs biens. Voici le trait le plus piquant de ce genre d'efcroquerie. Je le rapporterai dans les termes dont s'eft fervi l'eftimable Écrivain qui l'a fait imprimer pour la première fois.

« Chacun connoît le *Légataire*, cette pièce où l'on trouve du bon comique & de très-mauvaifes mœurs. La fcène qui en eft la plus plaifante, celle peut-être pour laquelle on a fait tout l'ouvrage, c'eft la fcène du Teftament ; & les Jéfuites de Rome l'avoient réellement exécutée long-tems avant que Regnard fongeât à la mettre au théâtre.

» *Antoine-François Gauthiot, Seigneur d'Ancier,* étoit d'une famille noble de Franche-Comté, & y poffédoit de grands biens. Riche & vieux garçon, c'étoit un titre pour mériter l'attention des Jéfuites. Auffi ceux de la ville de Befançon, où il faifoit fa demeure, n'oublièrent rien pour gagner fon amitié & fa fucceffion. Ils écrivirent à leurs confrères de Rome, quand M. d'Ancier y alla en 1626, & ils recommandèrent beaucoup cet intéreffant Voyageur, en les informant des vues qu'ils avoient fur lui. Notre Franc-Comtois en reçut donc le plus grand accueil. Il tomba malade, & ne put alors refufer à leurs inftances d'aller prendre un logement chez eux, c'eft-à-dire, dans la maifon du grand Jéfus, habitée par le Général même de la Société. Cependant la maladie empira ; M. d'Ancier mourut ; &, ce qui étoit le plus fâcheux pour fes hôtes, il mourut *ab inteflat.*

» Grande défolation parmi les Compagnons de Jéfus. Heureufement pour eux, ils avoient alors un Frère qui avoit refté long-tems à leur maison de Besançon. Ce modèle des *Crispins*, voyant la douleur générale, entreprend de la calmer. Son esprit inventif lui fait appercevoir du remède à un malheur qui n'en paroît pas susceptible ; & le digne serviteur apprend à ses maîtres, qu'il connoît en Franche-Comté un Paysan dont la voix ressemble tellement à celle du défunt, que tout le monde s'y trompoit. A ce coup de lumière, l'espérance des pères se ranime ; ils conviennent de cacher la mort de l'ingrat qui est parti sans payer son gîte, & de faire venir l'homme que la Providence a mis en état de les servir dans cette importante occasion.

» C'étoit un nommé *Denis Euvrard*, Fermier d'une grange appartenante à M. d'Ancier lui - même, & située au village de Montferrand, près de Besançon. Mais comment le déterminer à entreprendre ce voyage ? Le frère Jésuite avoit donné l'idée du projet ; on le charge de l'exécution. Le voilà parti pour la Franche-Comté. Il arrive & va trouver *Denis Euvrard*. Il ne l'aborde qu'en secret, & commence par le faire jurer de ne rien révéler, même à sa femme, de ce qu'il lui vient apprendre. Alors il lui dit que M. *d'Ancier* est malade à Rome, & veut faire son testament ; mais qu'ayant auparavant des choses essentielles à lui communiquer, il l'envoie chercher, & promet de le récompenser généreusement. Le Fermier ne balance pas. Sans parler de son voyage à personne, il se met en route avec le Frère, & tous deux se rendent à Rome, dans la maison du grand Jésus.

» Dès que *Denis Euvrard* y est entré, deux Jésuites viennent à sa rencontre. « Ah ! mon pauvre ami, lui disent-ils, avec l'air
» & le ton de la douleur, vous arrivez trop tard ! M. *d'Ancier*
» est mort. C'est une grande perte pour nous & pour vous.
» Son intention étoit de vous donner sa grange de Mont-
» ferrand, & de léguer le reste de ses biens à nos Pères de

» Befançon ; mais il n'y faut plus fonger ». Alors ils le con-
duifent dans une chambre ; on l'y laiffe fe repofer, & il demeure
feul, abandonné à fes triftes réflexions.

» Le lendemain, un des mêmes Pères qui l'avoient entretenu
la veille, revient le voir, & la converfation retombe fur le
même fujet. « Mon cher *Euvrard*, lui dit le Jéfuite, il me vient
» une idée. C'étoit l'intention de M. *d'Ancier* de faire fon
» teftament. Il vouloit vous donner fa grange de Mont-
» ferrand, & nous laiffer le furplus de ce qu'il poffédoit.
» Vous avouerez qu'il étoit maître de fes biens. Il pouvoit
» en difpofer comme il le jugeoit convenable. Ainfi l'on peut
» regarder ces biens comme nous étant déja donnés devant
» Dieu. Il ne manque donc que la formalité du teftament ;
» mais c'eft un petit défaut de forme qu'il eft poffible de ré-
» parer. Je me fuis apperçu que vous avez la voix entièrement
» femblable à celle de M. *d'Ancier*; vous pourriez facilement
» le repréfenter dans un lit, & dicter un teftament conforme
» à fes intentions. Sur-tout vous n'oublierez pas de vous
» donner la grange de Montferrand ».

» Le bon Fermier fe rendit fans peine à l'avis du Cafuifte.
Le père Jéfuite, que le Frère avoit parfaitement inftruit des
biens du défunt, fit faire à *Denis Euvrard* plufieurs répétitions
du rôle qu'il devoit jouer. Enfin, lorfque celui-ci parut affez
exercé, il fut mis dans un lit, on manda le Notaire ; & deux
hommes diftingués de la Franche-Comté, l'un Confeiller au
Parlement, l'autre Chanoine de la Métropole, qui fe trouvoient alors à Rome, furent invités, de la part de M. *d'Ancier*,
à venir affifter à fon teftament. Il faut obferver que depuis
quelque tems ces deux perfonnes s'étoient fouvent préfentées
pour voir M. *d'Ancier*, & qu'on leur avoit toujours répondu
qu'il n'étoit pas en état de les recevoir.

» Quand le Notaire & tous les témoins furent arrivés, le

foit-difant moribond , bien enfoncé dans le lit , fon bonnet
fur les yeux, le vifage tourné contre le mur, & fes rideaux
à peine entr'ouverts, dit quelques mots à fes deux compatriotes;
puis on s'occupa de l'acte pour lequel on s'étoit affemblé.

» Après le préambule ordinaire, le Teftateur révoque tout
teftament qu'il pourroit avoir fait précédemment, & tout autre
qu'il pourroit faire par la fuite, à moins qu'il ne commence
par ces mots : *Ave Maria, gratiâ plena*. Il élit fa fépulture
dans l'églife des révérends pères Jéfuites de Rome, fous le
bon plaifir & vouloir du révérend père Général. Il donne &
lègue une fomme de cinquante francs à chacune des pauvres
Communautés religieufes de Befançon , & une autre fomme
auffi très-modique, avec un tableau, à l'un de fes parens.

« *Item*, continue-t-il, je donne & lègue à *Denis Euvrard*,
» mon Fermier, ma grange de Montferrand, & toutes fes
» dépendances ».

» (A ces derniers mots, le Jéfuite, qui étoit affis auprès du
lit parut fort étonné. L'acteur ajoutoit à fon rôle, & ce n'étoit
point ainfi qu'on l'avoit fait répéter. L'enfant d'Ignace obferva
donc au Teftateur, que ces dépendances étoient confidérables,
puifqu'elles comprenoient *un moulin, un petit bois & des cens*;
mais l'homme qui étoit dans le lit, ne voulut en rien rabattre,
& foutint qu'il avoit les plus grandes obligations à ce Fermier).

« *Item*, je donne & lègue audit *Denis Euvrard* ma vigne
» fituée à la côte des Maçons, & de la contenance de quatre-
» vingts ouvrées ».

» (Nouvelle obfervation de la part du révérend Père; même
réponfe de la part du Teftateur).

« *Item*, je donne & lègue audit *Denis Euvrard*, mille écus
» à choifir dans mes meilleures conftitutions de rente, & tout
» ce qu'il peut me redevoir de termes arriérés pour fon bail
» de la grange de Montferrand ».

»: (Ici le Jéfuite, outré de dépit, voulut encore faire des re-
montrances ; mais il n'en eut pas le temps, & la parole lui fut
coupée par le malade).

» *Item*, je donne & lègue une fomme de cinq cents francs à
» l'enfant de la nièce dudit *Denis Euvrard* ; fans doute que cet
» enfant eft de mes œuvres ».

» Le Révérend Père étoit refté fans voix ; mais il étouffoit de
colère. Enfin, le teftateur déclara que « quant au furplus de
» fes biens, il nommoit, inftituoit fes héritiers feuls & univerfels
» pour le tout, les Pères Jefuites de la Maifon de Befançon,
» à charge de bâtir leur Eglife fuivant le plan projeté, d'y ériger
» une Chapelle , fous l'invocation de Saint - Antoine & de
» Saint-François, fes bons Patrons, & de célébrer dans la-
» dite Chapelle une meffe quotidienne pour le repos de fon
» ame. »

» Tel eft ce teftament fingulier, qui a fervi de modèle à celui
de *Crifpin*, & qui n'eft certainement pas moins plaifant. Mais
M. *d'Ancier* ne fit point comme *Géronte*, il ne revint pas. Sa
mort fut annoncée le lendemain ; on publia le teftament à l'Of-
ficialité de Befançon , & les Jefuites furent mis en poffeffion de
cet héritage.

» Quelques années après, *Denis Euvrard* fe trouva véritablement
dans l'état qu'il avoit fi bien joué à Rome. Voyant qu'il touchoit
à la fin de fa vie, il fentit des remords, & fit à fon Curé l'aveu
de tout ce qui s'étoit paffé. Celui-ci qui n'avoit point étudié
la morale dans les Cafuiftes de la Société de Jéfus, repréfenta
au moribond l'énormité de fon crime. Ce Pafteur éclairé lui dit
que, devant un Notaire, affifté du Juge du lieu & de plufieurs
témoins, il falloit déclarer, dans le plus grand détail, la ma-
nœuvre à laquelle il s'étoit prêté, & faire en même temps aux
héritiers de M. *d'Ancier* un abandon, non-feulement des biens
qu'il s'étoit donnés, mais encore de tout ce qu'il poffédoit. La

déclaration & l'abandon furent faits dans toutes les formes, & suivis de la mort de *Denis Euvrard*.

» Dès que les héritiers naturels de M. *d'Ancier* eurent en main des pièces si fortes, ils se pourvurent contre le testament. Ils gagnèrent d'abord à Besançon dans le premier degré de Juridiction : l'on en appela au Parlement de Dôle ; ils gagnèrent encore. Une dernière ressource restoit à la Société, & le procès fut porté au Conseil suprême de Bruxelles (car la Franche-Comté, soumise à l'Espagne, dépendoit alors du Gouvernement de Flandres) ; dans ce dernier Tribunal, le crédit & les intrigues des Jésuites prévalurent enfin ; les deux premiers Jugemens furent cassés, les Pères furent maintenus dans la possession des biens dont ils jouissoient ; & l'on lit encore sur le frontispice de leur Eglise, possédée à présent par le Collége de Besançon : *Ex munificentia Domini d'Ancier*.

» On ne peut douter que Regnard, qui voyagea beaucoup dans sa jeunesse, n'ait eu connoissance de cette anecdote ; il en fut vraisemblablement instruit à Bruxelles, où il alla en 1681 ; c'est-à-dire dans un temps où l'on devoit y conserver encore la mémoire de ce singulier procès, puisqu'il avoit eu pour témoins tous ceux des habitans de cette ville qui se trouvoient alors âgés de cinquante à soixante ans. Quand le Poëte composa dans la suite sa Comédie du *Légataire*, il se garda bien de citer la source qui lui en avoit fourni l'idée ; c'étoit l'époque de la plus grande puissance des Jésuites. Il eut donc la prudence de cacher ce que sa pièce leur devoit, & ces Pères eurent la modestie de ne pas le réclamer.

» Il paroît cependant que Regnard ne s'attribua point la gloire de l'invention, ou du moins qu'elle lui fut contestée ; c'est ce que semble indiquer un passage du *Dictionnaire portatif des Théâtres*. On prétend, y est-il dit à l'article du *Légataire*, *qu'un fait véritable a donné l'idée de cette pièce*. Mais ce fait n'étoit guères

guères connu que dans la Franche-Comté, où il a toujours été de notoriété pnblique ; & voici la première fois qu'on l'imprime. »

(*Remarques sur les Jammabos*, ou *les Moines Japonais*, *Tragédie*, par M. FENOUILLOT DE FALBAIRE, *page* 160 *& suivantes*).

L'Ouvrage curieux & rare où ce trait singulier se trouve consigné, nous a été communiqué par M. Ducroisi, Secrétaire-Commis au bureau des Procès-verbaux de l'Affemblée Nationale.

Nous avons cru devoir reproduire ce trait, qui mérite d'être connu, & qui peut figurer, même avec avantage, à côté des conceffions que les enfans de Saint-Bernard faifoient jadis de tant de terrain dans le ciel, en échange de tant d'arpens qu'on leur affignoit fur la terre.

Convenons qu'il y a long-temps qu'on fe moque des hommes, qu'on les traite comme des fots, & qu'il faut que cela finiffe.